AF232076

LA QUESTION

DES

CHEMINS DE FER

(LE RACHAT)

PAR

H. LAMANE

Lauréat de l'Institut,
Membre de la Société d'économie politique.

———❖———

PARIS

LIBRAIRIE DE GUILLAUMIN ET Cᵉ, ÉDITEURS

de la Collection des principaux Économistes, des Économistes et Publicistes
contemporains, de la Bibliothèque des sciences morales et politiques,
du Dictionnaire de l'Économie politique,
du Dictionnaire universel du Commerce et de la Navigation, etc.
14, RUE RICHELIEU, 14

—

1880

L57/b   L57/b

LA QUESTION

DES

CHEMINS DE FER

(LE RACHAT)

PAR

H. LAMANE

Lauréat de l'Institut,
Membre de la Société d'économie politique.

PARIS

LIBRAIRIE DE GUILLAUMIN ET Cⁱᵉ, ÉDITEURS
de la Collection des principaux Économistes, des Économistes et Publicistes
contemporains, de la Bibliothèque des sciences morales et politiques,
du Dictionnaire de l'Économie politique,
du Dictionnaire universel du Commerce et de la Navigation, etc.
14, RUE RICHELIEU, 14
—
1880

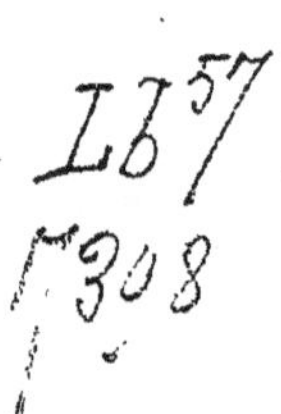

DU MÊME AUTEUR

Protection et libre-échange.

**De l'influence économique des voies de communication depuis
un demi-siècle** (couronné par l'Académie des sciences morales
et politiques).

LA QUESTION DES CHEMINS DE FER

(LE RACHAT)

I.

CARACTÈRE ET AVANTAGES DU SYSTÈME FRANÇAIS. MOTIF DU PROJET PRÉSENTÉ PAR LA COMMISSION PARLEMENTAIRE.

Les chemins de fer ont été la grande création du XIXe siècle. Dès que Stephenson et Marc Séguin eurent inventé la locomotive et construit les deux premières lignes ferrées, l'un en Angleterre, l'autre en France, tous les amis du progrès, politiques, ingénieurs et publicistes, se mirent à l'œuvre pour démontrer les avantages de ce mode de transport à la vapeur. L'adoption du nouveau système souleva cependant une vive opposition, principalement dans les régions du pouvoir. Les hommes qui sont à la tête des administrations se plaisent en général dans les vieux errements : changer un service public, modifier la vie bureaucratique dans laquelle ils ont été nourris bouleverse l'ordre ancien de leurs idées. Les gouvernements furent donc très lents à prendre à leur charge les travaux de chemins de fer, mais l'initiative privée et l'esprit d'association firent ce que n'osèrent faire les pouvoirs publics ; les premières lignes de chemins de fer furent construites par un petit groupe d'hommes entreprenants, à leurs risques et périls. Quand le succès eut convaincu tout le monde, la question fut portée devant les Assemblées législatives ; on délibéra longtemps, et l'on ne se décida qu'après plusieurs années de discussions parlementaires à accorder des encouragements et des subventions à ces compagnies. Dans certains pays, dans ceux-là même qui possèdent le plus de chemins de fer, comme les États-Unis et l'Angleterre, les compagnies sont restées maîtresses absolues de l'administration et de l'exploitation des voies ferrées. En France, le système qui a prévalu, tout en admettant l'intervention de l'État, laisse une large part à l'industrie privée. Ce système, malgré ses défauts, est encore celui qui semble convenir le mieux à notre caractère national et aux idées que nous nous faisons de la centralisation du pouvoir administratif. En Angleterre, pays de *self-government* ou, pour mieux dire, de *self-help*, on apprécie médiocrement l'influence de l'État dans tout ce qui constitue le bien ou le mal de la société. L'opinion commune est que les particuliers doivent pourvoir à ce qui les intéresse en masse ; cette manière de voir a contribué à donner à l'association et à l'esprit d'entreprise, chez les Anglais, un développement sans exemple. Notre éducation, nos mœurs, nous ont au contraire habitués à ne voir dans une institution d'une utilité générale qu'un service public qui rentre dans les attributions du pouvoir central. Cependant, en ce qui concerne les chemins de fer, l'organisation française semble avoir concilié ces deux choses, le besoin de l'intervention gouvernementale et le concours de l'industrie privée.

L'État est, pour ainsi dire, l'associé des Compagnies. Il autorise, il concède la construction des nouvelles lignes, il donne son approbation au cahier des charges, il en surveille l'exécution et exerce un contrôle incessant sur l'entretien et l'exploitation de tout le réseau; d'autre part les compagnies emploient leurs ingénieurs, leurs administrateurs, leurs capitaux, aux travaux de tout genre qui composent leur immense industrie. Les chemins de fer forment ainsi un vaste chantier où peuvent se donner libre cours le génie industriel et l'esprit commercial, deux qualités maîtresses qu'on ne saurait trop favoriser chez les peuples modernes. A ce point de vue, il faut toujours regretter les empiètements de l'État, parce que, malgré toute son activité, il ne peut suppléer à l'effort multiple de l'initiative individuelle et que son action tend à étouffer l'action même des citoyens.

Le système français est susceptible de nombreux perfectionnements, nous les indiquerons plus loin, mais il serait profondément regrettable de l'abandonner pour un système beaucoup plus défectueux, celui de l'exploitation par l'État. Tel est cependant le projet de la commission nommée par la Chambre des députés. La nouvelle théorie administrative qu'elle tend à faire prévaloir est que l'État doit arriver à posséder d'ici à quelques années le réseau tout entier.

On sait que le Ministre des travaux publics a présenté un projet de loi ayant pour objet le rachat d'une partie du réseau d'Orléans afin de compléter le réseau de l'État, qui manque de débouchés, enclavé qu'il est entre les mailles de sa puissante voisine et la mer. Ce projet est loin de satisfaire la Commission, qui a formulé son opinion sur ce sujet, dans la séance du 20 mars, de la manière suivante :

« Considérant que la convention proposée par le Mi-« nistre des travaux publics est onéreux pour le Trésor « public et ne peut être acceptée;

« Considérant qu'il existe plusieurs systèmes d'ex-« ploitation qui assureraient à l'État la disposition ab-« solue des tarifs;

« La Commission est d'avis de rejeter le projet de « convention avec la Compagnie d'Orléans et de ra-« cheter toute la concession de ladite Compagnie aux « conditions du cahier des charges.

« Invite en conséquence le Ministre des travaux pu-« blics à préparer un projet de rachat et d'exploitation « des lignes dont il s'agit. »

Ainsi, voilà les Compagnies condamnées; elles doivent disparaître une à une si la Commission peut faire triompher son opinion dans le Parlement. Lorsque l'État aura racheté les chemins de fer, les exploitera-t-il directement ou par des Compagnies fermières? Cette question ne laisse pas que de préoccuper les docteurs de la nouvelle école. Les divers rapporteurs de la Commission ne sont même pas d'accord sur ce point : l'un penche pour les compagnies fermières, l'autre démontre par des preuves de fait l'incapacité des compagnies fermières, et demande que l'exploitation soit confiée à l'État. Du reste, rien de précis, rien de bien arrêté dans les travaux de la Commission.

On vient de voir que la raison principale alléguée par les partisans du rachat est tirée de l'élévation et de la diversité des tarifs actuels. Personne ne nie qu'il y ait là un problème très important, très difficile à résoudre. Transporter à bon marché et en même temps d'une manière productive pour l'entrepreneur de transports, transporter vite et transporter avec sécurité, c'est l'idéal d'une bonne exploitation. Sans doute, les Compagnies n'ont pas encore atteint cet idéal, mais voudrait-on nous faire croire que l'État sera plus habile et plus heureux que les Compagnies?...

II.

LES TARIFS, LA LETTRE DE VOITURE, LES RÉCÉPISSÉS.

Il y a longtemps que les tarifs de chemins de fer sont l'objet d'études sérieuses. Cette question fut examinée par la Commission d'enquête de 1850; celle de 1863 l'étudia avec beaucoup de soin, et le rapport rédigé par un de ses membres les plus autorisés, M. Michel Chevalier, renferme sur la matière de précieux renseignements. Le Rapporteur de la Commission d'enquête nommée par l'Assemblée nationale, M. Dietz-Monin, a consacré à cette question la majeure partie de son travail. Malgré tant de recherches et tant d'efforts, les choses en sont restées presque au même point. Essayons de montrer, en nous aidant de ces documents et en examinant ce qui se fait à l'étranger, quels sont les défauts de la tarification actuellement en vigueur chez nous et comment il serait possible de les atténuer.

Le monopole accordé aux Compagnies pour l'exploitation de leurs réseaux respectifs, aurait pu compromettre la liberté des échanges si le pouvoir central ne s'était réservé le droit de contrôler, d'approuver ou de rejeter, les conditions de transports adoptées par elles. Il n'y a pas de monopole sans intervention de l'Etat. Ici, l'obligation de l'Etat était de fixer un maximum aux prix que les Compagnies exploitantes réclamaient. C'est ce qu'il a réglé dans le cahier des charges.

Les tarifs contenus dans les cahiers des charges se composent de deux éléments : d'un *droit de péage* et d'un *droit de transport*. Le premier correspond au coût et à l'entretien du chemin de fer, le second à la dépense nécessaire pour effectuer le transport. Si donc l'expéditeur avait ses wagons et sa machine, il n'aurait qu'à payer le droit de péage. On sait que le péage n'existe plus depuis longtemps sur les routes de terre et qu'il est fort minime sur les cours d'eaux. Le haut prix de construction des voies métalliques et la promptitude avec laquelle elles ont été établies justifient le maintien de ce droit sur les lignes ferrées. Il eût été difficile sinon impossible, à un Etat, étant donné les charges qui pèsent sur les budgets modernes, de construire gratuitement, et dans l'espace de quelques années, un immense réseau comme celui des chemins de fers.

Il convient de remarquer en même temps que le péage et le prix de transport sont surchargés d'une foule de taxes et d'impôts : le passage des marchandises d'une ligne à une autre est soumis à un droit au profit des compagnies. Une loi de 1855 a appliqué l'impôt du dixième au prix total des places des voyageurs, ainsi qu'au prix de transport des marchandises expédiées par la grande vitesse. Ces impôts ont produit, en 1879, 76 millions. Les marchandises et les objets de toute nature expédiés par la petite vitesse ont été assujettis jusqu'à ces derniers temps à un impôt de 5 pour cent. En 1878, le Trésor a retiré de cette taxe 81 millions. La suppression de cet impôt a laissé subsister des droits de timbre sur les récépissés de petite vitesse qui sont une charge excessive, surtout pour les transports de faible distance. Les Compagnies sont obligées, en outre, d'effectuer le transport gratuit des troupes, la traction, également à titre gratuit, des voitures de la poste, de payer l'impôt foncier, l'impôt des patentes ainsi que des frais de contrôle et d'inspection assez élevés. Tant que les transports seront surchargés de tous ces droits, on ne peut guère espérer une diminution notable des tarifs.

Aussi, nous croyons que les réformes à opérer doivent tendre beaucoup moins à réduire les prix qu'à les ramener à un ordre plus uniforme et plus méthodique.

Combien peu de personnes sont en état de se guider dans le dédale du *tarif principal*, du *tarif maximum*, du *tarif général*, des *tarifs spéciaux, différentiels* et *communs*, des *tarifs de transit, d'exportation et autres* ! Pour se rendre compte de la confusion qui résulte de cette diversité, il est nécessaire d'entrer dans quelques détails.

Le Gouvernement, en organisant le monopole des Compagnies, a inséré dans le cahier des charges un tableau des prix de transport pour les voyageurs et pour les marchandises. Ce tableau se nomme le *tarif principal*. Si les taxes de transport sont perçues d'après le chiffre maximum indiqué dans le cahier des charges, c'est le *tarif maximum* qui est appliqué ; si elles sont perçues d'après une réduction égale pour tout le monde et homologuée par le ministre, on fait application du *tarif général*, ainsi qualifié pour le distinguer des tarifs *spéciaux* et autres.

A l'époque où l'administration a fixé le maximum des tarifs et donné son homologation aux tarifs généraux, l'expérience n'avait pas encore montré la puissance productive des chemins de fer, ni fait entrevoir les développements que cette industrie devait prendre. Les chiffres qu'elle a arrêtés ou approuvés forment donc une limite, qu'il est interdit aux Compagnies de dépasser, mais au-dessous desquels elles ont une grande liberté d'action. L'élévation des tarifs généraux les ayant rendus inapplicables dans la plupart des cas, les Compagnies se sont décidées de bonne heure à admettre des tarifs à prix réduits qui portent le nom de tarifs *spéciaux*, *différentiels*, *communs*, *d'exportation* et de *transit*. Ces réductions ont porté le coût moyen des transports par chemins de fer à 0 fr. 058 et 0 fr. 060 la tonne kilométrique, tandis que cette moyenne serait de 0 fr. 10, si les tarifs généraux étaient exactement appliqués.

Les tarifs spéciaux proprement dits établissent des prix inférieurs à ceux du tarif général pour les expéditeurs qui se soumettent à certaines conditions, par exemple, à celle de renoncer à toutes répétitions en cas d'avaries. Les tarifs différentiels sont ceux qui varient pour les différents parcours d'un chemin de fer suivant une loi autre que la proportionnalité à la distance, ou dans lesquels le prix demandé pour un parcours double ou triple n'est pas double ou triple de celui de la simple distance. Lorsque deux ou plusieurs Compagnies se concertent pour appliquer des tarifs spéciaux, tantôt à base fixe, tantôt à base kilométrique ou différentielle, à des transports empruntant des sections de leurs réseaux, ces tarifs s'appellent tarifs communs.

Ajoutons une dernière explication sur les tarifs d'exportation et sur les tarifs de transit.

Le transport des marchandises destinées à être exportées se fait dans des conditions de prix toutes particulières. Il y avait un intérêt capital à procurer à notre industrie la facilité de porter économiquement ses produits sur le marché étranger et d'y soutenir la concurrence des industries rivales. Le commerce d'exportation est pour un État une source abondante de richesse et un moyen légitime de maintenir son prestige vis-à-vis des autres nations. Les Compagnies ont donc été autorisées, par le décret du 26 avril 1862, à adopter les tarifs qu'elles jugeront le plus propres à accroître le mouvement de ce commerce, avec dispense des formalités d'affichage et de l'obligation d'attendre une année pour relever les tarifs ; elles doivent seulement communiquer au ministre les prix et conditions applicables aux matières d'exportation, la veille de leur mise en vigueur.

Cette mesure de faveur a soulevé des plaintes fort vives, elle mérite cependant d'être maintenue parce qu'elle est fondée sur des raisons économiques de premier ordre. Les mêmes faveurs ont été accordées au commerce de transit pour des raisons analogues.

La France doit à sa situation géographique d'être le lieu de passage des marchandises qui vont du Nord au Sud, de l'Orient à l'Occident de l'Europe et *vice versâ*. Ses côtes, l'heureuse disposition de ses cours d'eau, l'abondance de ses ressources ont de tout temps attiré sur son territoire le courant commercial qui relie les ports de la Méditerranée à ceux de l'Océan et de la mer du Nord. On dit que ce commerce de transit tend aujourd'hui à nous échapper. Si cela était, à qui faudrait-il nous en prendre sinon à nous-mêmes qui serions moins habiles que nos voisins de la Belgique et de l'Allemagne à nous servir de ce puissant instrument, qui s'appelle le chemin de fer. Voyez l'Angleterre. Elle a acquis d'immenses richesses en devenant l'entrepôt de toutes les marchandises du monde. Les produits des contrées les plus lointaines sont transportées dans ses ports à des prix modérés par ses vaisseaux à voiles et à vapeur; ses chemins de fer les transitent également à bon marché et d'autres vaisseaux de sa flotte les distribuent ensuite au reste du globe, soit à l'état de matière première, soit à l'état d'objet manufacturé. Les Anglais ont favorisé le développement du transit chez eux par des réductions de tarifs très sensibles, par l'établissement d'un nombre infini de chemins de fer et par la construction de docks et de ports admirablement outillés. Indépendamment des bénéfices que ce commerce procure aux voies de transport terrestres, il est une source de prospérité pour la marine et pour les ports marchands. A ces divers points de vue, il mérite d'être l'objet d'une faveur spéciale quant à la fixation des prix. Dans l'état de confusion où se trouve actuellement notre système de tarifs, les réductions de prix accordées aux marchandises de transit ne laissent pas que d'être nuisibles quelquefois aux produits français, aussi bien sur le marché national que sur le marché étranger. Ce résultat a donné lieu à de nombreuses réclamations. Les industriels prétendent que certaines marchandises de provenance étrangère sont offertes à meilleur marché que les marchandises indigènes en raison des prix de faveur qui sont accordés aux premières; ils assurent que le même fait se produit, pour la même cause, même dans l'intérieur du pays. Il y a là un inconvénient auquel il n'est possible de remédier qu'en assurant aux produits français destinés à l'exportation, la même économie de transport qu'aux marchandises de transit. Il faudrait également trouver un moyen de distinguer les marchandises de transit de celles qui sont importées chez nous pour y être vendues ; les réductions de prix de transport ne doivent pas être appliquées à celles de la seconde catégorie.

Les tarifs d'exportation et de transit ne sont pas les seuls qui soulèvent de vives critiques ; tous les tarifs à prix réduits sont dans le même cas. On reproche aux Compagnies d'employer arbitrairement les tarifs spéciaux et différentiels pour faire une concurrence déloyale à la navigation, aux petites lignes, et même quelquefois pour détrôner certains centres de production qu'elles croient de leur intérêt de faire déchoir au profit de certains autres. Je n'examinerai pas si les nombreux exemples cités par les adversaires des Compagnies sont exacts ou non, je me borne à reconnaître que, les taxes de transport ne reposant sur aucune base rationnelle, les anomalies les plus injustes peuvent se produire.

Il est certain que toutes les Compagnies se servent des prix différentiels pour soutenir leur monopole, tantôt en faveur de certaines marchandises, tantôt en faveur de certaines directions. Ces abus s'aggravent encore lorsque les transports passent par les lignes de plusieurs réseaux. Les tarifs communs du *Midi* avec l'*Orléans* sont plus avantageux que ceux du *Midi* avec *Paris-Lyon-Méditerranée.*

A ces inconvénients il faut ajouter ceux qui résultent de l'infinie variété des taxes. Nulle règle, nulle méthode. Les marchandises sont divisées par séries qui varient d'après les Compagnies, si bien que la même matière paye tel prix sur un réseau et tel autre prix sur le réseau voisin. De cette façon le négociant qui est obligé d'emprunter plusieurs lignes pour un envoi de marchandises ne peut pas savoir d'avance à quel chiffre s'élèveront légalement les frais d'expédition. Et le fameux Livret-Chaix, dira-t-on? ne donne-t-il pas, tous les trimestres, le prix de transport pour chaque réseau? Sans doute, mais qui peut se vanter de se reconnaître dans les innombrables colonnes de chiffres de cet in-folio? On alléguera aussi la lettre de voiture. La lettre de voiture ne donne aucun renseignement précis; elle indique le prix total et non les prix distincts de chaque section de ligne. Dans ces conditions, la vérification est impossible. Bien plus, si l'expéditeur ignore que sa marchandise peut être expédiée à prix réduit et s'il ne demande pas à profiter de la réduction, la Compagnie l'assujettit au prix du tarif général. Il arrive aussi quelquefois que les employés ne connaissent pas le tarif fixé pour le transport de telle ou telle marchandise, ils se tirent d'embarras en appliquant le tarif le plus élevé, et le commerçant ne réclame pas, ne sachant pas s'il a le droit de réclamer. Nous croyons qu'il serait plus sage, dans ces différents cas, d'appliquer d'office les prix réduits et de les mentionner très distinctement dans la lettre de voiture.

Cette pièce avait autrefois une grande importance pour l'expéditeur : elle formait entre lui et le voiturier un contrat. Telle qu'elle est entendue aujourd'hui par les compagnies de chemins de fer, elle a beaucoup perdu de son utilité. Les Compagnies ont prétendu qu'elles n'étaient pas tenues par la lettre de voiture à payer une indemnité à l'expéditeur, pour retard dans la livraison de la marchandise, que la question du dommage devait être décidée par les tribunaux. La Cour de cassation leur a donné raison sur ce point (1).

En outre, comme les prix de transport ne sont plus appliqués en vertu d'un contrat, mais d'après un tarif approuvé du ministre, et comme le chiffre porté sur la lettre de voiture n'exprime qu'un total dont il est difficile de vérifier les divers éléments, la lettre de voiture est tombée peu à peu en désuétude, et l'on s'est contenté, pour les transports par chemins de fer, de faire usage des récépissés. Ces récépissés furent d'abord une simple constatation. La loi de finances du 13 mai 1863 leur donna une forme plus précise. Mais ils ne fourniront aux expéditeurs de véritables garanties que lorsqu'on aura obligé les Compagnies à délivrer des récépissés d'une écriture lisible, stipulant avec précision les frais de transport, spéciaux et communs, s'il y en a, les frais accessoires, les délais de route et de séjour en gare, ainsi que l'indemnité due en cas de retard. Voilà une première réforme. Il est de principe que lorsqu'une ligne a l'intention de modifier ses tarifs, elle est tenue de se soumettre à certaines conditions de publicité, de délai et d'approbation administrative. Malheureusement ces conditions ne sont observées que comme des formalités dérisoires. L'homologation du ministre, qui est un correctif aux exagérations ou aux erreurs possibles des directeurs de chemins de fer, n'est

_____

(1) Cour Cass., 27 janvier 1862.

jamais refusée. On discute même sur la question de savoir s'il a le droit de la refuser, malgré une décision très formelle du Conseil d'Etat qui ne laisse aucun doute à cet égard (1). La raison comme la loi dit que ce pouvoir a été accordé sans restriction. N'est-il pas prudent, n'est-il pas rationnel que le Gouvernement empêche, par l'exercice de ce droit, le dommage qui pourrait être causé, au moyen de certaines modifications de tarifs, à des industries privées ou même à des industries d'un caractère public, tout aussi dignes de sa sollicitude que les grandes lignes, telles que la batellerie, le cabotage, les réseaux secondaires? La loi, en conférant au ministre le droit d'homologation, a voulu placer les chemins de fer sous le contrôle de l'Etat; si l'Etat n'a pas fait de ce droit l'usage qu'il en devait faire, il est responsable d'une partie des erreurs ou des abus que nous avons signalés (2).

La tarification de nos chemins de fer, telle que nous l'avons expliquée, n'est pas organisée sur des principes essentiellement faux, mais elle est mal appliquée ou plutôt elle remonte à une époque de tâtonnements qui n'est pas la nôtre, et, faute d'une amélioration que le progrès du temps aurait dû amener, elle donne lieu à de nombreuses réclamations. Il serait téméraire de dire d'une manière générale que les prix de transports sont trop élevés, surtout si l'on tient compte de notre système d'impôts; il n'y a guère que les lignes belges et certaines lignes allemandes où l'on trouve des prix

(1) Avis du 21 août 1853.
(2) Tous ces points ont été traités avec beaucoup de science par M. Brunfault dans son ouvrage : *Les Chemins de fer*.

2

inférieurs aux nôtres, mais on peut admettre que tous les défauts dont on se plaint ont pour origine l'inégalité, la diversité, la confusion des taxes, principalement de celles qui sont appliquées aux transports de marchandises. L'ordonnance de 1846 et le cahier des charges ont arrêté des règles précises sous le rapport : 1° de l'égalité entre tous les expéditeurs quant aux prix et conditions; 2° de la fixation des prix maxima en indiquant les conditions pour les abaissements de ces prix; 3° de la division des objets è transporter en trois classes; 4° enfin de l'unité kilométrique pour le calcul des prix à appliquer.

Un décret de 1863 a établi, avec des prix s'abaissant à raison des distances de 1 à 100 kilomètres, de 100 à 500 kilomètres, 500 et au-dessus, une quatrième série pour le transport des houilles, marnes et fumiers.

Toutes ces règles ont disparu sous les innombrables classifications adoptées par les Compagnies. Il s'agit de revenir à la méthode uniforme que les premiers organisateurs de l'industrie des chemins de fer ont cherchée. On ne pouvait autrefois procéder que par essais, on ne connaissait qu'imparfaitement la puissance des voies ferrées, on était dominé, du reste, par les faux principes de la doctrine protectionniste; il faut maintenant entreprendre une nouvelle organisation et tendre à l'uniformité des tarifs en prenant pour base des chiffres moins élevés que ceux qui ont été adoptés pour la fixation des prix maxima. Les efforts qui ont été faits, cette année, dans ce sens par les Compagnies françaises, ne suffisent pas.

En Belgique, les chemins de fer possèdent les mêmes

tarifs. Les marchandises sont divisées en quatre classes.
Il s'est établi entre les différentes lignes un accord
relativement au classement et aux prix à appliquer, de
sorte qu'on est sûr d'être soumis aux mêmes règles dans
quelque partie du territoire que l'on se trouve.

Les administrateurs des principales lignes de l'em-
pire Allemand forment depuis 1871 une association,
dans le sein de laquelle on discute et on décide, tous
les ans, pour l'année suivante, quels seront les tarifs
à appliquer.

Mais c'est en Angleterre que l'on est arrivé à la
solution la plus satisfaisante de la question qui nous
occupe. Les matières transportées par les trains de
marchandises, sauf les houilles et les cokes, sont divisées en trois classes bien distinctes. Les Compagnies de
chemins de fer, pour ne pas s'écarter de la classification
admise par elles, se sont affiliées au *railway-clearing-
house*, bureau central qui est chargé de régler les
comptes et les paiements auxquels le service mixte
donne lieu entre les Compagnies et de maintenir l'unité
dans la classification des tarifs. Chaque Compagnie
compte au moins un représentant dans le comité direc-
teur. Les modifications qui sont proposées, soit pour les
tarifs, soit pour une autre partie de l'exploitation, font
l'objet des délibérations d'un sous-comité ; si elles sont
jugées nécessaires, leur application ne commence que
le 1er janvier de l'année suivante, Les tarifs se main-
tiennent ainsi sur des bases uniformes et aussi inva-
riables que possible.

Entre les Compagnie, il n'y a que des rapports pacifiques ; leurs wagons peuvent circuler dans les différents réseaux, sans rupture de charge et sans retards inutiles.

Cette admirable institution fondée, il y a près de trente ans, par Morisson et par Robert Stéphenson, rend autant de services aux Compagnies de chemins de fer qu'à l'industrie nationale.

Une autre institution, dont l'origine ne remonte qu'à un petit nombre d'années, a fait faire un nouveau progrès à l'exploitation des chemins de fer Anglais, nous voulons parler de la commission créée par la loi du 21 juillet 1873.

Cette commission remplit les fonctions d'un tribunal spécial ayant mission de vider les différends qui peuvent surgir entre deux Compagnies, entre une Compagnie et le public et même entre une Compagnie et le *Board of trade.*

Il était autrefois quasi impossible d'obtenir justice des tribunaux ordinaires ; ou bien on s'exposait à dépenser toute sa fortune en frais de justice. La réforme de 1873 a fait cesser ces abus. Une loi prescrivait déjà aux sociétés de chemins de fer de recevoir, de transporter sur leurs lignes respectives et de livrer les marchandises qui leur sont présentées en fournissant à cet effet toutes les facilités raisonnables, sans faveur, ni préjudice pour aucun des expéditeurs. Cette prescription n'était pas toujours fidèlement observée, la nouvelle loi est venue en préciser les termes. Si, par exemple, une Compagnie doit emprunter les lignes d'une autre Compagnie, elle est tenue de le faire savoir à cette dernière, de lui indiquer l'itinéraire qu'elle a en vue, le prix total qu'elle offre et la sous-répartition de ce prix. Lorsqu'il s'écoule un délai de dix jours sans que l'accord ait pu se faire, la question est soumise à la commission, qui a qualité pour approuver ou rejeter les conditions de l'arrangement.

La loi du 21 juillet oblige aussi les Compagnies à mettre à la disposition du public, dans les stations et sur les quais d'embarquement, des registres indiquant les prix de tous les transports autres que ceux des voyageurs et de leurs bagages.

La commission peut ordonner aux Compagnies, si un intéressé en fait la demande, de spécifier dans ses registres les divers éléments qui composent le prix de transport, ce qui correspond au péage, à l'usage des wagons, à la traction, de façon que l'expéditeur puisse vérifier tous les comptes.

La commission a le droit de fixer, en cas de désaccord, les frais accessoires des gares, c'est-à-dire les frais de chargement et de déchargement, d'abritement, de livraison et autres frais analogues.

Les membres de cette commission sont nommés par la Reine et révocables par le lord Chancelier; ils ne doivent accepter aucune charge incompatible avec les fonctions que le Gouvernement leur confie; ils peuvent entrer dans les bâtiments des Compagnies, examiner leurs livres, interroger leurs employés. Ils siègent où et quand ils veulent, en audience publique ou à huis clos; toutefois l'audience est publique si l'une des parties en cause le demande (1).

(1) Voir, pour plus de renseignements, l'ouvrage de M. Ch. de Franqueville : « *Les travaux publics de la Grande-Bretagne.* »

C'est ainsi que dans un pays où l'on était exposé à toutes les exagérations d'une concurrence sans limites, on est parvenu à mettre en œuvre le système d'exploitation le plus parfait que l'on connaisse.

Tarifs, différends des Compagnies entre elles et du public avec les Compagnies, circulation des trains, vitesse des transports de marchandises, toutes ces questions sont réglées par la commission et l'on ne voit pas que le public anglais se plaigne de ses décisions.

Sur tous ces points l'exploitation des chemins de fer fer français est loin d'être aussi perfectionnée que l'exploitation des chemins de fer anglais, surtout en ce qui concerne la régularité des prix et la célérité des transports de marchandises.

Nous n'avons pas cherché à cacher les défauts de l'exploitation de nos chemins de fer, il s'agit maintenant de savoir par quel moyen on pourra perfectionner cet important service. Sera-ce par ce rachat projeté dont on fait si grand bruit ? Nous ne le pensons pas.

<hr>

III

CONSÉQUENCES DÉSASTREUSES QUI RÉSULTERAIENT DU RACHAT. — RÉFORMES A OPÉRER.

L'idée de rendre l'État propriétaire et administrateur des lignes de chemins de fer s'est produite plusieurs fois dans les Chambres françaises ; il est vrai qu'elle a été toujours repoussée par les esprits libéraux, dont la compétence en ces matières est le moins contestée. Michel Chevalier la combattit énergiquement en 1868 ; en 1848, Léon Faucher fit échouer devant l'Assemblée nationale une proposition de ce genre présentée par la commission du Pouvoir exécutif.

Il est à remarquer que c'est de cette époque d'effervescence démocratique que date cette singulière prétention de faire de l'Etat un industriel et un entrepreneur de transports.

Chose curieuse, on trouve, dans les discours de ceux qui réclament aujourd'hui le rachat, le même mélange confus de considérations politiques, sociales et industrielles qui avaient cours sous la seconde République.

En 1848, le ministre des finances, M. Duclerc, chargé de développer le projet du Gouvernement, disait aux représentants :

« Vous succédez à une monarchie, vous voulez fon-
« der une république, vous avez donc nécessairement à
« rechercher ce qui dans l'héritage du passé est compa-
« tible ou incompatible avec le principe du gouverne-
« ment... Je viens aujourd'hui vous proposer un chan-
« gement nouveau : le rachat moyennant une juste
« indemnité detoutes les actions de chemins de fer...
« Citoyens, n'oubliez pas que sous cette question finan-
« cière en apparence, il y a quelque chose de plus haut,
« une question politique et sociale. » On signalait les Compagnies de chemins de fer comme une aristocratie incompatible avec la constitution républicaine. Est-il vrai de dire en principe qu'une démocratie ne saurait tolérer de

puissantes sociétés industrielles surtout lorsqu'elles ont pour objet l'exploitation d'un service public ? Rien de moins soutenable. Ce système n'irait à rien moins qu'à étouffer l'esprit d'association, qu'à paralyser l'initiative privée et à tout sacrifier aux exigences du pouvoir central, or il nous semble que c'est principalement dans les régimes démocratiques qu'on doit encourager les institutions capables de porter les individus à s'unir librement par le crédit, par le talent et par les capitaux.

Au surplus cette théorie est contredite par les faits. Les chemins de fer des Etats démocratiques de l'union américaine et de la Suisse sont exploités par des sociétés libres ; par contre le gouvernement constitutionnel de la Belgique et le gouvernement presque absolu de l'Allemagne administrent plusieurs réseaux.

On disait encore qu'une administration livrée à elle-même, qui a le monopole des transports, pourrait affamer une grande ville si cela lui plaisait, ou livrer la patrie à l'ennemi en refusant de transporter les troupes. Quelles chimères ! L'intérêt matériel des Compagnies dans le premier cas et la puissance de l'Etat dans le second nous mettront toujours à l'abri de pareilles éventualités. On a bien vu en 1870 que les Compagnies, en cas de guerre, sont entièrement à la disposition du gouvernement ; et si à cette époque le transport des troupes ne s'est pas fait avec toute la rapidité désirable, la responsabilité en retombe non pas sur les directeurs des Compagnies mais sur l'administration militaire qui ne sut jamais prendre de décision ni donner d'ordres en temps utile.

La dernière raison sur laquelle on appuyait la demande de rachat, plus sérieuse au fond quoique secondaire aux yeux des auteurs du projet, était tirée de la nécessité qu'il y a à réduire les tarifs. Comme l'exécution du projet devait entraîner de lourdes charges pour le Trésor on demanda au ministre par quel procédé il ferait face à ces dépenses et à celles qu'exigerait la continuation du réseau. Il répondit vaguement qu'il avait trouvé une combinaison au moyen de laquelle les actions seraient remboursées en rentes 5 0/0, d'après une certaine moyenne, que ce plan était infaillible, mais qu'il était obligé encore de le tenir secret.

Ne croirait-on pas entendre un des orateurs de la commission actuelle? Après avoir voté le rachat dans une séance dont on a lu le compte-rendu plus haut, la commission a déclaré qu'elle n'avait pas encore de plan financier, pas de système pouvant servir de base à cette opération.

Il n'est pas entièrement sûr que le rapport de son président, qui conclut en faveur de l'exploitation par l'Etat, soit l'expression des idées de la majorité.

Il est permis d'espérer qu'en présence d'un projet de rachat aussi légèrement conçu, les Chambres de 1880 se montreront aussi prudentes que l'Assemblée nationale de 1848. On aurait pu, sans doute, tenter une pareille opération, il y a quelques années, en pleine prospérité financière ; aujourd'hui elle présente, quoi qu'on en dise, de graves difficultés, étant donné les charges considérables qui pèsent sur notre budget.

En effet, une fois le rachat accompli, on ne voit que

deux solutions possibles : l'exploitation par l'État ou par des Compagnies fermières ; or la première de ces solutions serait une grosse erreur financière, la seconde ne produirait aucun des avantages que l'on en attend au point de vue des tarifs. Dans tous les pays où l'Etat s'est chargé de l'administration des chemins de fer, il s'est montré inférieur aux Compagnies, aussi bien pour l'exploitation que pour la construction. En Prusse, l'État exploite à 9,13 0/0 plus cher que les Compagnies ; en Belgique, les dépenses des lignes exploitées par l'Etat sont 10,54 0/0 plus élevées que celles des lignes exploitées par les Compagnies. Pour la Belgique le rapport de l'honorable M. Lebaudy constate cette différence, mais le président de la commission en trouve la cause et la justification dans les dépenses de luxe que l'Etat veut bien faire pour procurer au voyageur un confortable qu'on ne lui donne pas dans les lignes concédées. L'Etat transporte, il est vrai, les voyageurs dans des wagons luxueux, seulement il demande un prix plus élevé ; il n'y a pas de Compagnie qui ne puisse en faire autant aux mêmes conditions.

Qu'avons-nous besoin d'aller chercher des exemples au dehors ? Le Gouvernement français exploite un réseau important depuis bientôt deux ans ; les résultats de cette nouvelle expérience ne font pas honneur aux ingénieurs et aux administrateurs du Gouvernement. Les dépenses ont absorbé 81,19 0/0 des recettes. Les recettes se sont élevées à 4.686 fr. par kilomètre, les dépenses à 3,706 fr. Produit net kilométrique 980 fr. Il y a peu de lignes, excepté parmi les petits chemins

de fer d'intérêt local, qui descendent au-dessous de ce niveau. Cependant ces chiffres s'appliquent au second semestre de l'année 1878, année prospère s'il en fut. Cette exploitation renferme beaucoup d'autres vices dont nous trouvons la constatation dans le savant rapport de M. Wilson. « Dans le réseau de l'Etat, dit
« l'honorable rapporteur, la surveillance est très diffi-
« cile, la distribution des ordres a donné lieu, déjà
« plusieurs fois, à des erreurs et à des retards qui ont
« eu une extrême gravité. La centralisation des fonds
« est aussi très embarrassée et peut présenter des incon-
« vénients graves. » Tous ces faits ne doivent pas nous surprendre, il y aurait lieu d'être surpris du contraire. Le travail réglementé et salarié par l'Etat n'a pas l'énergie, la fécondité et l'esprit d'économie du travail libre, qui est sans cesse aiguillonné par l'émulation et par le sentiment de l'intérêt personnel.

Voici sur l'exploitation par l'Etat l'opinion d'un homme qui a pu la juger de près, M. Le Hardy de Beaulieu, rapporteur de la Commission des chemins de fer de la Chambre des députés belge :

« Il est évident, dit l'éminent économiste, qu'une
« grande administration publique n'a pas et ne peut pas
« avoir la souplesse et la liberté d'allures qui convient
« à une opération commerciale. En fait, personne
« n'est responsable dans le système de l'administration
« par l'Etat. Cette administration, par sa constitution
« même, son recrutement et son organisation, doit né-
« cessairement tendre à devenir routinière et peu ac-
« cessible aux idées nouvelles, aux progrès qui se pro-

« duisent dans tout travail humain. Il résulte de là
« que nos chemins de fer de l'Etat sont dirigés admi-
« nistrativement, au lieu de l'être commercialement.
« De là des tiraillements qui se produisent en pertes de
« force et d'argent. C'est l'administration qui fait la
« loi au commerce et à l'industrie qu'elle traite en ser-
« viteurs ou en vassaux, suivant le cas, tandis qu'elle
« n'est que l'agent, le fondé de pouvoirs du public au-
« quel elle prétend commander. De là des conséquen-
« ces diverses, souvent préjudiciables au public, et qui
« se traduisent forcément en diminutions de trafic et
« de recettes. »

En vain dira-t-on que les Compagnies françaises sont
protégées contre toute espèce de risques par la garantie
d'intérêt. La garantie d'intérêt n'est pas un don gra-
cieux, c'est une avance qui doit cesser dans un avenir
assez rapproché et que la Compagnie est obligée de rem-
bourser tôt ou tard à l'État avec un intérêt de 4 0/0.
Cette dette est contractée dans des conditions assez
onéreuses pour que la première préoccupation des administrateurs soit d'en commencer le remboursement le
plus tôt possible. Ainsi, pour l'Orléans, le dividende de
ses actions ne peut pas dépasser 56 francs, quelle que
soit l'augmentation du trafic, tant que l'avance qui lui
a été fournie par le Trésor, à titre de garantie, n'aura
pas été remboursée. Voyez au contraire quelle serait la
situation de l'État s'il devenait l'administrateur de notre
réseau ferré. D'après le rapport de M. Baïhaut, on doit
accorder à la Compagnie d'Orléans, puisque c'est par
celle-là que l'on commencerait, une annuité de 80 mil-

lions pour ses lignes ayant plus de quinze ans de concession, plus un capital une fois payé de 70 millions représentant le coût de quelques lignes ayant moins de quinze
ans de concession. Ces chiffres sont un minimum ; nous ne
croyons pas qu'ils représentent exactement la totalité de
la somme due à la Compagnie dont il est question, si on
veut observer scrupuleusement les conventions conte-
nues dans la loi de 1859 ; tels quels ils correspondent
cependant à un capital de près de 3 milliards à 3 0[0. Si
l'État s'empare de l'Orléans, il se rendra maître bientôt
du reste du réseau, il aura alors ajouté à sa dette de
26 milliards une nouvelle dette de 10 milliards, ce qui,
avec les 5 milliards qu'exigent les travaux neufs à exé-
cuter dans le réseau ferré, dans le réseau navigable et
dans les ports maritimes, portera la dette française au
chiffre fantastique de 40 milliards. Sans doute, les chemins de fer seront une source de recettes, mais si l'on
se rappelle que l'exploitation par l'État coûte 8 et 10 0[0
plus cher que l'exploitation privée, on n'hésitera pas à
admettre qu'il y aura, tous les ans, un déficit, dont le
poids retombera lourdement sur les épaules du contribuable. Si on songe, en outre, que les Chambres actuelles n'ont aucun goût pour l'économie, qu'il ne se
passe presque pas de séances où elles ne votent de nouvelles dépenses, qu'elles se refusent de parti pris à appliquer les mesures, telles que la conversion, capables
d'alléger le budget, on est stupéfié des conséquences
qui peuvent résulter du rachat des chemins de fer pour
l'avenir de nos finances. Que l'on considère par contre
les avantages que le Trésor peut recueillir du maintien

du système actuel, et ce sans renoncer aux réformes utiles que les besoins du commerce réclament. Suivant des calculs très précis, faits par M. de Franqueville dès 1865, calculs que l'expérience a justifiés et que les deux rapporteurs de la commission ont acceptés, la garantie doit s'abaisser de plus en plus, en raison de la hausse continue du trafic, et disparaître entièrement dans dix ans au plus. En 1890, les sommes avancées, à titre de garantie, formeront au profit de l'État une créance de 950 millions de francs, dont le remboursement commencera aussitôt. De sorte que le Trésor touchera de ce chef une somme annuelle de 50 ou 60 millions, ce qui ajouté à 30 millions qu'il aura à payer en moins fera, tous les ans, une décharge de 80 ou 90 millions pour le contribuable. Nous n'avons pas besoin d'insister sur ce côté de la question, tout le monde en saisit l'importance pour la fortune du pays.

Est-il nécessaire d'ajouter que l'exploitation par l'État augmenterait le fonctionnarisme officiel, la plaie de notre société, de 200,000 emplois nouveaux, dans lesquels on verrait apparaître et disparaître de nouvelles figures à chaque changement de ministère. Le service serait-il possible avec les mutations qu'il plairait à un ministre ombrageux de multiplier, dès qu'il verrait surgir dans son nombreux personnel une velléité d'indépendance politique? On n'a fait aucune réponse satisfaisante à toutes ces objections. Par respect pour la liberté individuelle et dans l'intérêt du Trésor et du service des transports, il faut désirer que l'administration des chemins de fer soit indépendante de l'administration de l'État.

La seconde hypothèse, c'est-à-dire celle de l'exploitation des chemins de fer de l'État par une Compagnie fermière, n'est guère plus admissible. Dans ce cas, en effet, l'État procéderait à une nouvelle concession, par voie d'adjudication ou autrement, en stipulant des prix de transport plus avantageux pour le commere et un bail d'une durée moindre que celle qui est fixée dans les traités actuellement existants.

La question est de savoir si l'on trouverait un concessionnaire sérieux à de pareilles conditions. Les Compagnies actuelles se présenteraient, sans doute, pour reprendre leurs anciennes entreprises, mais consentiraient-elles à accepter des réductions de prix considérables ct un bail d'une faible durée? C'est ce dont il est permis de douter. Une nouvelle Compagnie offrirait-elle des garanties suffisantes pour diriger une grande exploitation ? Aurait-elle l'expérience et la prudence nécessaires ? Il y a tout lieu de croire qu'obligée de tenir des engagements trop rigoureux elle voudrait tenter des essais qui compromettraient la sécurité et la régularité du service. Ce n'est pas tout. Ne trouvant pas dans des tarifs trop réduits une rémunération suffisante des capitaux employés, elle tournerait ses regards vers l'État, qui, pour la sauver de la faillite, serait encore dans la nécessité de lui accorder une subvention ou une modification de tarifs. Sans doute, le rachat, l'organisation des sociétés fermières donneraient naissance à un mouvement de fonds important, à des émissions d'actions et d'obligations où les spéculateurs, les fondateurs de banques et les courtiers d'annonces réaliseraient

de gros bénéfices; il y aurait, à l'époque des souscrip-
tions, des majorations et des primes dont les gros bon-
nets de la finance profiteraient; nous ne voulons pas
dire que les hommes politiques qui patronnent le rachat
cherchent dans cette opération un moyen de s'enrichir,
ces mœurs ne sont pas encore acclimatées chez nous,
mais il y a derrière eux des habiles qui attendent depuis
trop longtemps cette combinaison pour qu'on ne puisse
pas en conclure qu'il doit y avoir là une belle occasion
pour les coups de Bourse.

On nous accordera que ce n'est pas précisément pour
cet objet que la question est mise à l'ordre du jour.
D'un autre côté, la solution que l'on propose n'offre,
ainsi qu'on vient de le voir, aucune garantie pour la
bonne exploitation des lignes et pour l'économie des
transports. On ne peut donc s'empêcher de considérer
ces différents projets comme des tentatives irréfléchies
et téméraires qui font obstacle au véritable progrès.

Ce n'est pas dans le rachat, ce n'est pas dans l'ex-
propriation des Compagnies que se trouve le remède à
la diversité et à la confusion des tarifs, puisqu'il est
entendu qu'il s'agit beaucoup plus de régulariser les
prix de transport que de les abaisser. Cette réforme
peut se réaliser, sans recourir à des moyens radicaux,
en prenant exemple sur ce qui s'est fait à l'étranger.

On a vu plus haut qu'en Belgique, en Angleterre et
même en Allemagne, les questions de tarifs ainsi que
les différends qui s'élèvent entre les Compagnies, ou
entre les Compagnies et le public sont jugés par une
commission ou par une sorte de syndicat né de l'initia-

tive des Compagnies ou de celle de l'Etat. Nous avons montré notamment qu'en Angleterre la commission des chemins de fer nommée par la reine fonctionne avec succès au grand avantage des sociétés et du public. Rien ne s'oppose à ce que des institutions du même genre soient introduites chez nous. Il suffit pour cela de la volonté du Gouvernement. Du droit de rachat découle pour lui le droit de provoquer dans ce service des réformes reconnues urgentes.

De même que les Compagnies ont demandé et obtenu à plusieurs reprises les modifications qu'elles croyaient utiles dans leurs premières conventions, de même l'Etat doit pouvoir proposer et imposer aux Compagnies les réformes que l'intérêt national réclame. La première mesure devrait consister à faire entrer dans les attributions du ministre du commerce tout ce qui concerne l'exploitation et la tarification. Avec le régime actuel, les questions commerciales sont réléguées au second plan, ou bien sont traitées par des hommes dont la compétence peut être discutée. La direction de nos lignes ferrées est confiée aux ingénieurs des ponts et chaussées, hommes d'une science éminente et d'une parfaite honorabilité, mais portés, par leur éducation même, à considérer les chemins de fer sous un côté exclusif, c'est-à-dire comme de grands travaux publics. Le ministre des travaux public, entouré de ses ingénieurs, devrait décider des questions relatives à la construction et à l'entretien des routes de fer, mais les questions intéressant le commerce et l'industrie rentrent naturellement dans le domaine du ministre du commerce et des hommes éclairés et pratiques qui doivent former son conseil. C'est ce conseil, dans lequel chaque Compagnie aurait le droit de se faire représenter, qui devrait être chargé de fixer d'après des règles uniformes les tarifs de tout le réseau. Une commission spéciale, placée près le Conseil d'Etat, et dont les membres connaîtraient parfaitement l'exploitation des chemins de fer, remplirait encore mieux peut-être le même but. Ni ennemie des grandes Compagnies, ni leur amie dévouée, cette commission ferait respecter leurs droits sans leur sacrifier les intérêts du commerce, A l'aide de cette nouvelle organisation, les améliorations que tout le monde demande, auraient beaucoup de chances d'être appliquées avec succès.

Les Chambres de commerce de nos principales cités industrielles réclament, avec la révision des tarifs spéciaux, différentiels et communs, l'adoption d'un tarif général, uniforme pour toutes Compagnies, comprenant un certain nombre de séries ayant pour base la valeur. le poids et le volume de la marchandise. Elles demandent le remaniement des tarifs de transit et d'exportation de façon que la production nationale ne soit pas sacrifiée à l'industrie étrangère. Elles expriment le le vœu que les trains de marchandises aient une plus grande vitesse et que la rédaction des récépissés soit plus précise et contienne une clause de garantie contre les retards de livraison.

Est-ce que toutes ces questions, dont la solution intéresse directement la fortune du pays, ne seraient pas traitées conformément aux besoins de l'industrie et de l'agriculture par une réunion d'hommes versés dans ces matières et qui auraient intérêt à étudier constamment les progrès de l'industrie des transports ? On ne saurait le nier. Sous cette forme, la méthode anglaise pourrait rendre de précieux services à notre commerce : elle mettrait fin à de nombreux abus et rétablirait l'exploitation des voies ferrées sur des bases rationnelles. Cette solution, tout en laissant subsister le système actuel, qui accorde une si large place à l'industrie privée sous la surveillance de l'Etat, permettrait aux pouvoirs publics de remanier et de fixer convenablement les prix de transport. Nous ne croyons pas qu'il existe un autre moyen pratique de faire progresser cette grande industrie des chemins de fer et d'en retirer tous les effets qu'elle peut produire.

Paris. — Typ. A. PARENT, rue Monsieur-le-Prince, 29-31.

www.ingramcontent.com/pod-product-compliance
Lightning Source LLC
LaVergne TN
LVHW010347030726
842520LV00004B/1609